Zählen und beschreiben

zu S. 4–11

Verwende Begriffe wie rechts, oben, vorne, dazwischen …

Die Zahlen 1, 2 und 3

zu S. 12/13

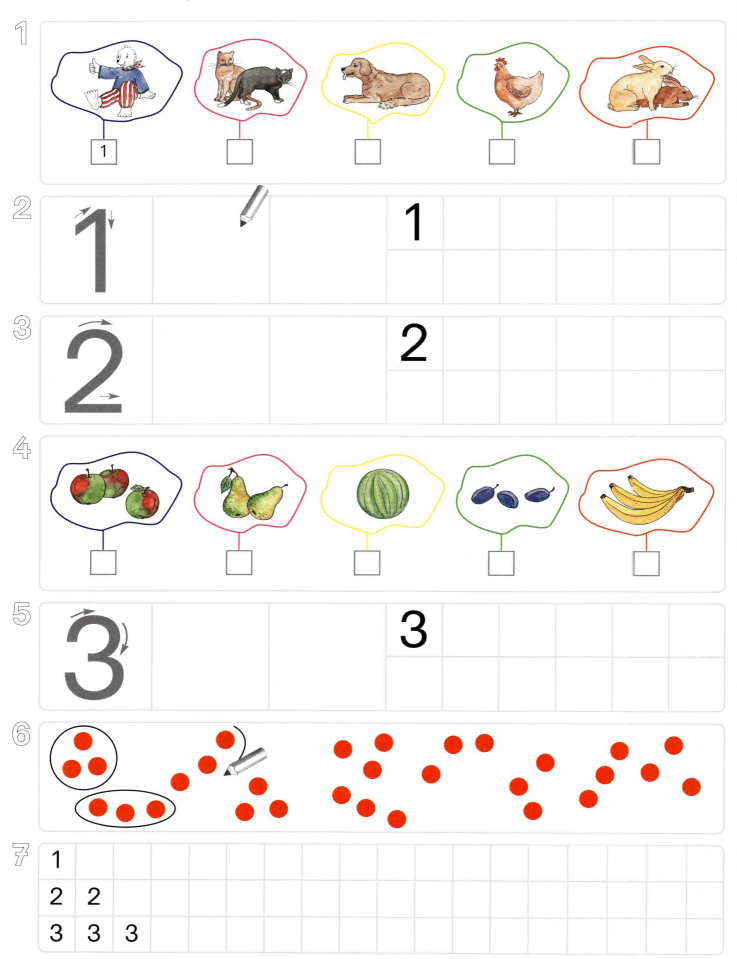

Die Zahlen 4, 5 und 6

zu S. 14/15

3

Alle Zahlen von 0 bis 10

zu S. 18–23

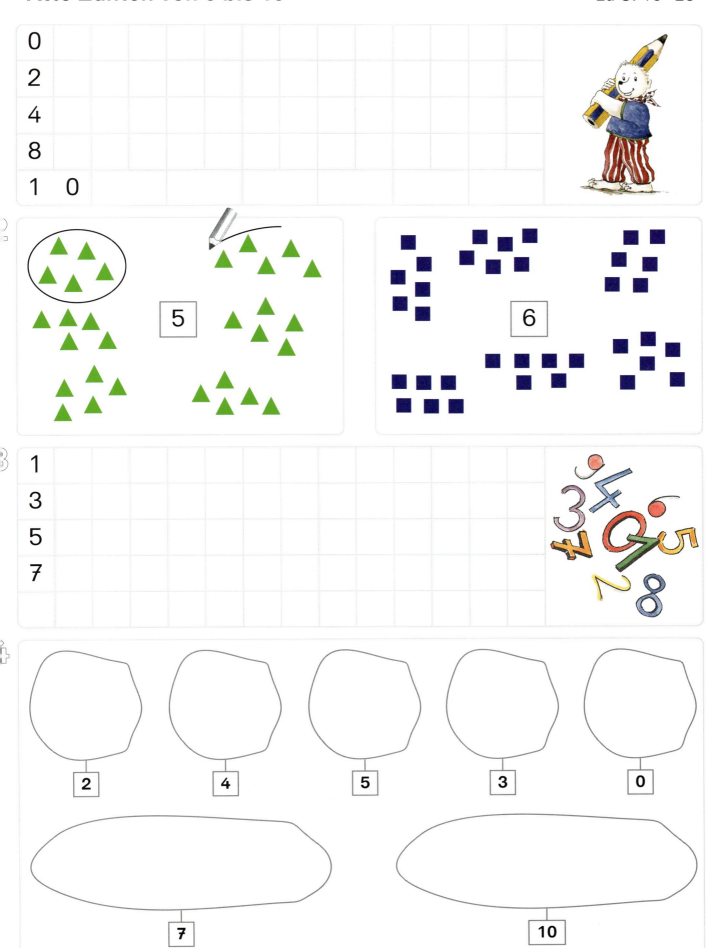

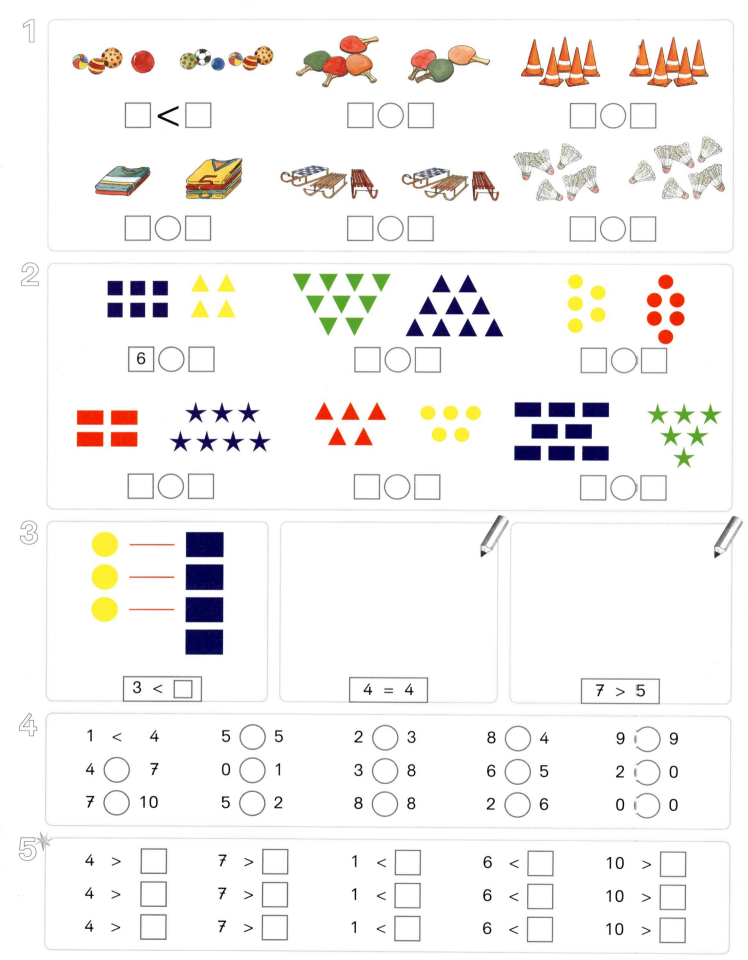

Zahlen, Nachbarzahlen und Zahlenstrahl   zu S. 20–27

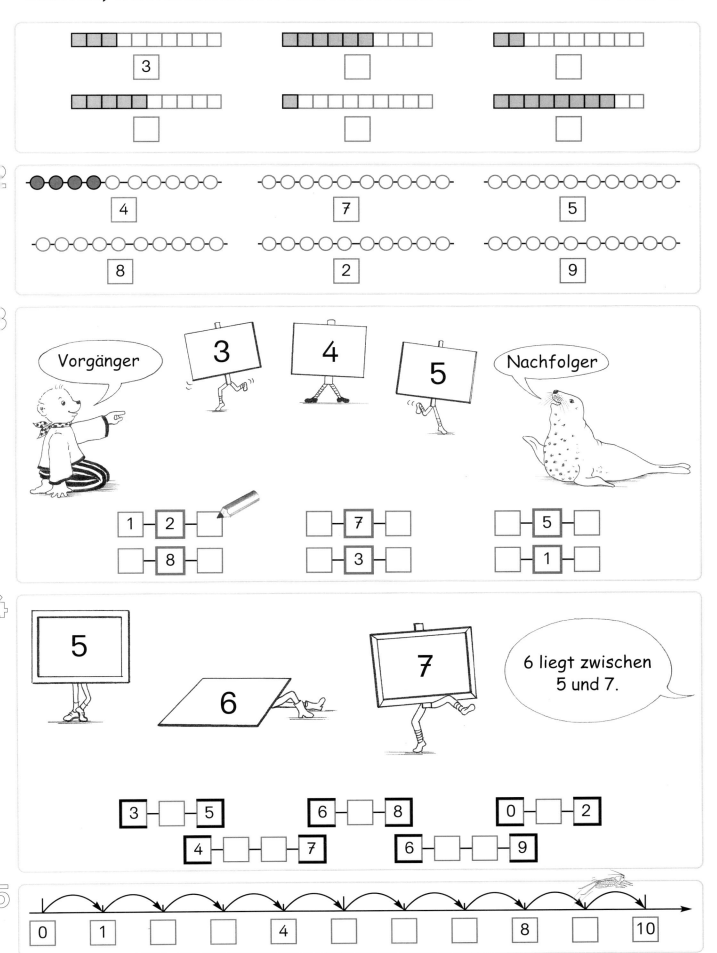

Zahlen bis 10 ordnen

zu S. 26/27

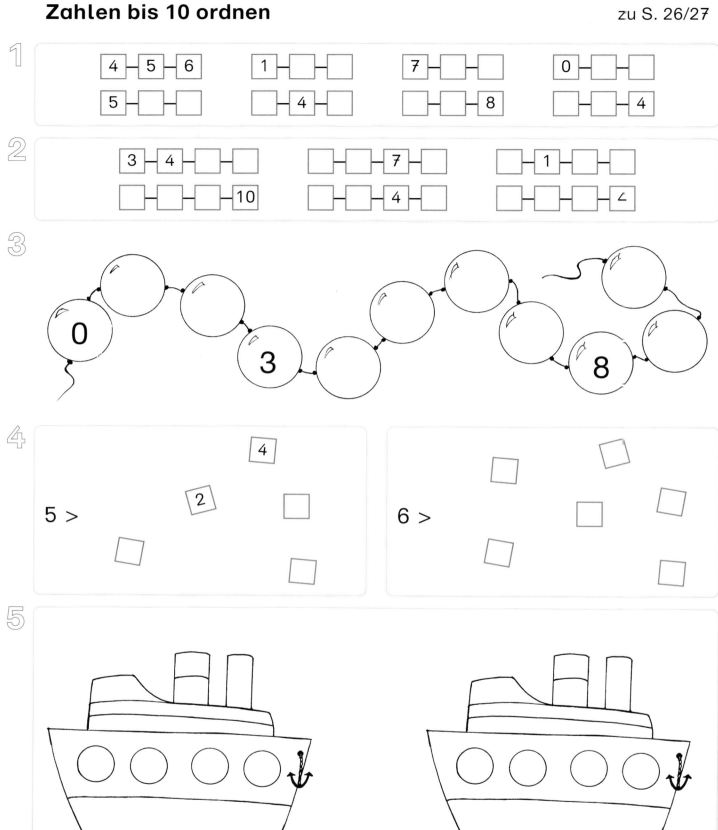

Partner-Spiel: Schiffe ausmalen
Anleitung: Es wird abwechselnd gewürfelt. Dann werden die Zahlen verglichen.
Wer die größere Zahl hat, malt im Heft des anderen ein Teil aus. Sind die Zahlen gleich, malen beide. Wer ein Schiff vollständig ausgemalt hat, ist Sieger.

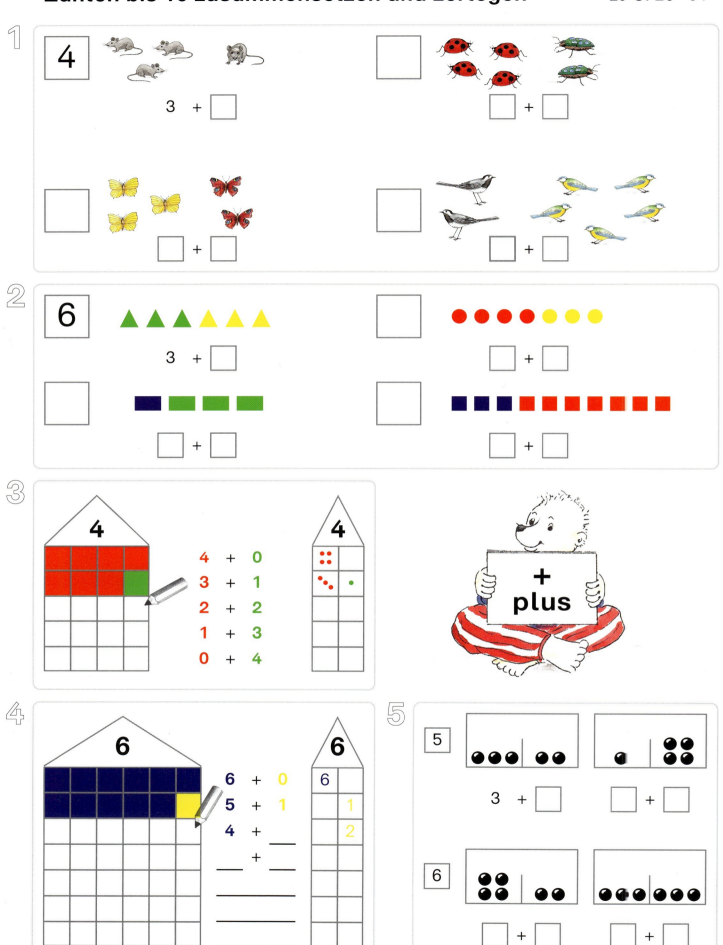

Zahlen bis 10 zusammensetzen und zerlegen

zu S. 29–31

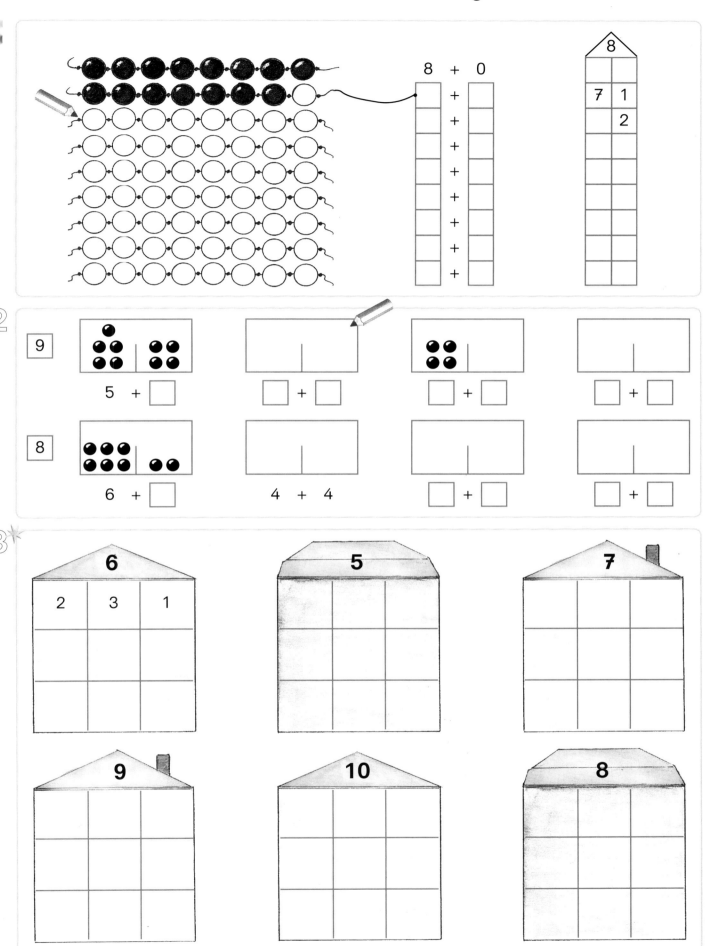

11

Die ersten Plusaufgaben

zu S. 32/33

1

3 + ☐ = ☐

☐ + ☐ = ☐

☐ + ☐ = ☐

☐ + ☐ = ☐

2

3 + ☐ = ☐   1 + ☐ = ☐   ☐ + ☐ = ☐

☐ + ☐ = ☐   ☐ + ☐ = ☐   ☐ + ☐ = ☐

3

2 + 1 = ☐   3 + ☐ = ☐   ☐ + ☐ = ☐   ☐ + ☐ = ☐

☐ + ☐ = ☐   ☐ + ☐ = ☐   ☐ + ☐ = ☐   ☐ + ☐ = ☐

4

1 + 5 = ☐   6 + 4 = ☐   5 + 0 = ☐   3 + 6 = ☐

2 + 2 = ☐   3 + 5 = ☐   1 + 6 = ☐

Ergebnisse:
6	10	5	9
4	8	7	

5

3 + 4 = ☐   4 + 4 = ☐   3 + 1 = ☐   0 + 1 = ☐

5 + 2 = ☐   7 + 1 = ☐   4 + 0 = ☐   7 + 2 = ☐

3 + 3 = ☐   6 + 2 = ☐   5 + 3 = ☐   8 + 2 = ☐

Plusaufgaben üben

zu S. 34

1

4 + 1 = ☐   2 + 2 = ☐   4 + 2 = ☐

5 + ☐ = ☐   3 + ☐ = ☐   ☐ + ☐ = ☐

☐ + ☐ = ☐   ☐ + ☐ = ☐   ☐ + ☐ = ☐

2

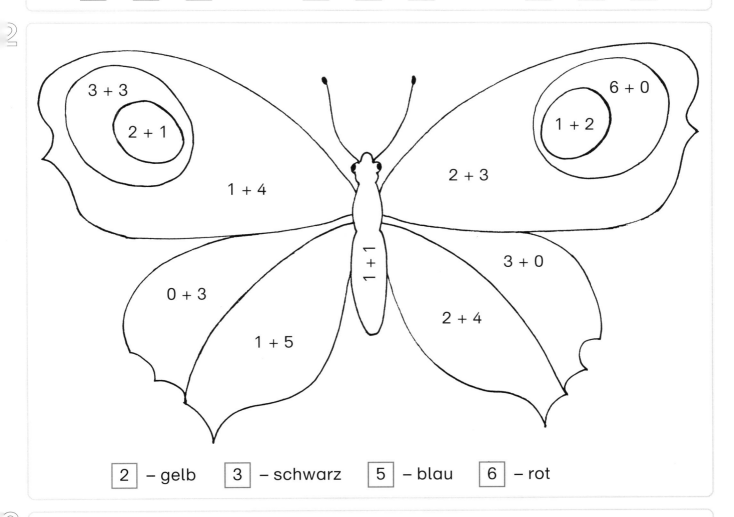

2 – gelb   3 – schwarz   5 – blau   6 – rot

3

2 + 5 = ☐   3 + 6 = ☐   0 + 6 = ☐   4 + 2 = ☐

4 + 4 = ☐   2 + 2 = ☐   3 + 4 = ☐   8 + 2 = ☐

1 + 8 = ☐   3 + 5 = ☐   1 + 7 = ☐   1 + 5 = ☐

4

1 + 2 + 3 = ☐   2 + 2 + 2 = ☐   3 + 2 + 3 = ☐

1 + 2 + 2 + 1 = ☐   2 + 3 + 2 + 1 = ☐

Plusaufgaben am Zahlenstrahl

zu S. 35

1

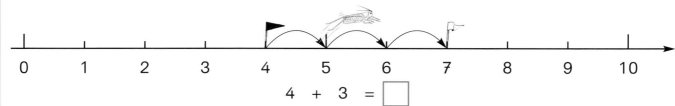

4 + 3 = ☐

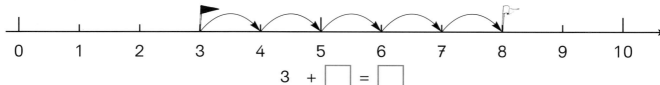

3 + ☐ = ☐

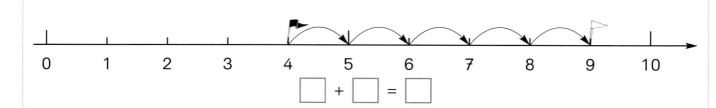

☐ + ☐ = ☐

2

3 + 0 = ☐   5 + 0 = ☐   4 + 0 = ☐
3 + 1 = ☐   5 + 1 = ☐   4 + 1 = ☐
3 + 2 = ☐   5 + 2 = ☐   4 + 2 = ☐
3 + 3 = ☐   5 + 3 = ☐   4 + 3 = ☐
3 + 4 = ☐   5 + 4 = ☐   4 + 4 = ☐

3

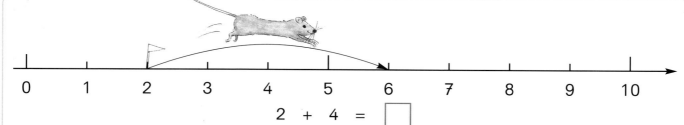

2 + 4 = ☐

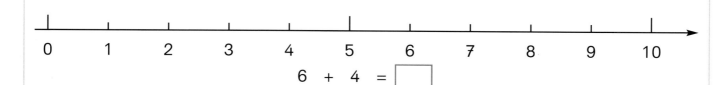

6 + 4 = ☐

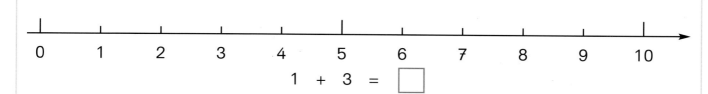

1 + 3 = ☐

Die ersten Minusaufgaben

zu S. 36/37

1

5 − 2 = ☐

7 − ☐ = ☐

☐ − ☐ = ☐

☐ − ☐ = ☐

2

5 − ☐ = ☐   ☐ − ☐ = ☐   ☐ − ☐ = ☐

☐ − ☐ = ☐   ☐ − ☐ = ☐   ☐ − ☐ = ☐

☐ − ☐ = ☐   ☐ − ☐ = ☐   ☐ − ☐ = ☐

3

5 − 4 = ☐   6 − 5 = ☐   5 − 2 = ☐

☐☐☐☐☐   ☐☐☐☐☐☐   ☐☐☐☐☐

6 − 1 = ☐   7 − 2 = ☐   5 − 5 = ☐

4

3 − 1 = ☐   10 − 1 = ☐   4 − 1 = ☐
3 − 3 = ☐   10 − 10 = ☐   4 − 4 = ☐
2 − 1 = ☐   7 − 1 = ☐   9 − 1 = ☐
2 − 2 = ☐   7 − 7 = ☐   9 − 9 = ☐

Ergebnisse:
2 9 3
0 0 0
1 6 8
0 0 0

5

3 − 2 = ☐   6 − 2 = ☐   9 − 2 = ☐   10 − 2 = ☐
3 − 0 = ☐   6 − 0 = ☐   9 − 0 = ☐   10 − 0 = ☐

15

Minusaufgaben üben

zu S. 38

1

4 − 1 = ☐

4 − 2 = ☐

6 − 2 = ☐

5 − 1 = ☐

6 − ☐ = ☐

☐ − ☐ = ☐

☐ − ☐ = ☐

☐ − ☐ = ☐

☐ − ☐ = ☐

2

2 − rot   1 − blau
3 − gelb 4 − grün

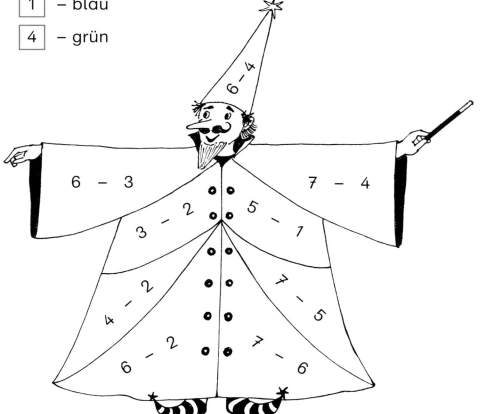

3

8 − 8 = ☐   5 − 4 = ☐   3 − 1 = ☐   8 − 6 = ☐
10 − 6 = ☐ 8 − 7 = ☐   6 − 5 = ☐   7 − 0 = ☐
9 − 4 = ☐   9 − 9 = ☐   7 − 4 = ☐   10 − 4 = ☐

4

8 − 1 − 2 = ☐   7 − 3 − 1 = ☐   9 − 2 − 1 = ☐
7 − 1 − 2 − 3 = ☐   10 − 3 − 4 − 1 = ☐

Minusaufgaben am Zahlenstrahl

zu S. 39

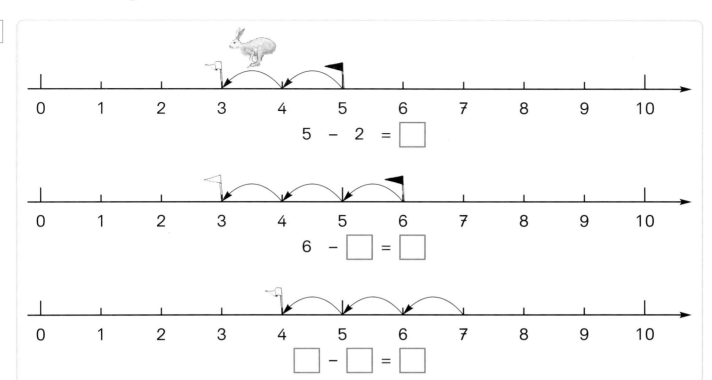

5 − 2 = ☐

6 − ☐ = ☐

☐ − ☐ = ☐

4 − 0 = ☐	7 − 0 = ☐	5 − 0 = ☐
4 − 1 = ☐	7 − 1 = ☐	5 − 1 = ☐
4 − 2 = ☐	7 − 2 = ☐	5 − 2 = ☐
4 − 3 = ☐	7 − 3 = ☐	5 − 3 = ☐
4 − 4 = ☐	7 − 4 = ☐	5 − 4 = ☐

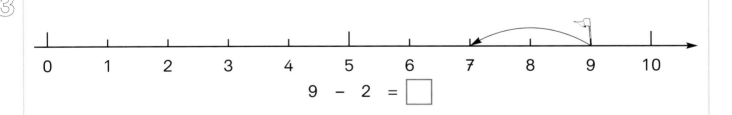

9 − 2 = ☐

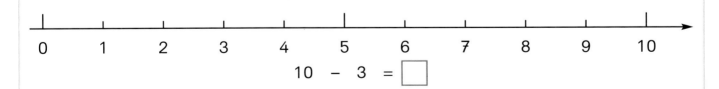

10 − 3 = ☐

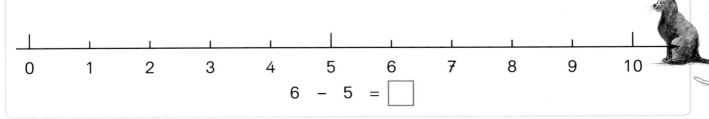

6 − 5 = ☐

Plus- und Minusaufgaben

zu S. 32–39

1 Verbinde Aufgabe und das Ergebnis.

2

4 + 0 = ☐	6 + 0 = ☐	5 + 2 = ☐	7 + 0 = ☐
4 + 2 = ☐	6 + 2 = ☐	5 + 1 = ☐	7 + 2 = ☐
4 + 4 = ☐	6 + 4 = ☐	5 + 0 = ☐	7 + 1 = ☐

3

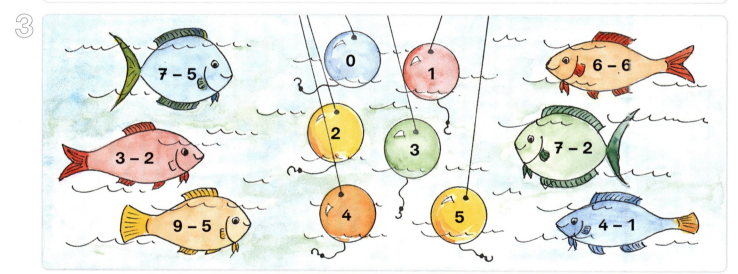

4

2 − 1 = ☐	4 − 2 = ☐	6 − 3 = ☐	10 − 4 = ☐
3 − 1 = ☐	5 − 2 = ☐	7 − 3 = ☐	9 − 4 = ☐
4 − 1 = ☐	6 − 2 = ☐	8 − 3 = ☐	8 − 4 = ☐

5

2 + 2 = ☐	3 + 4 = ☐	6 − 0 = ☐	Ergebnisse:
5 − 1 = ☐	2 + 5 = ☐	3 − 0 = ☐	4 7 6
4 + 1 = ☐	7 − 2 = ☐	0 + 4 = ☐	4 7 3
6 − 6 = ☐	10 − 1 = ☐	9 + 0 = ☐	5 5 4
			0 9 9

Plus- und Minusaufgaben

zu S. 32–39

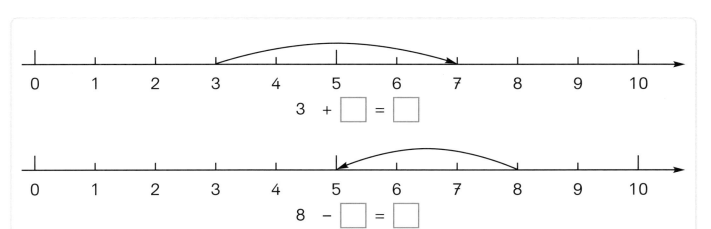

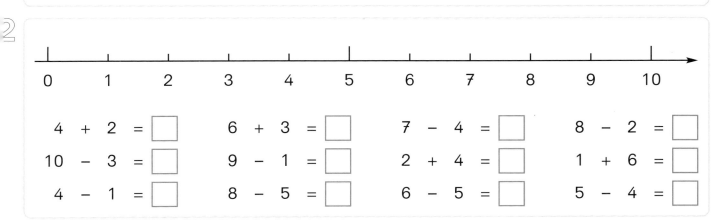

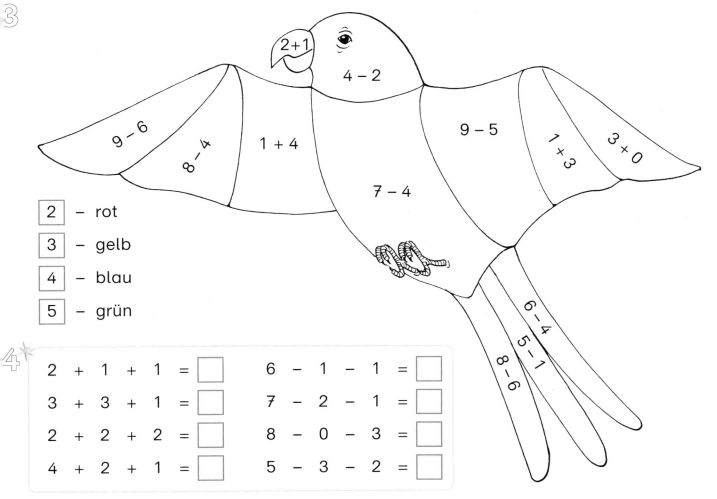

Geometrische Formen erkennen

zu S. 40/41

1 Male aus: Dreiecke grün, Vierecke gelb, Kreise rot.

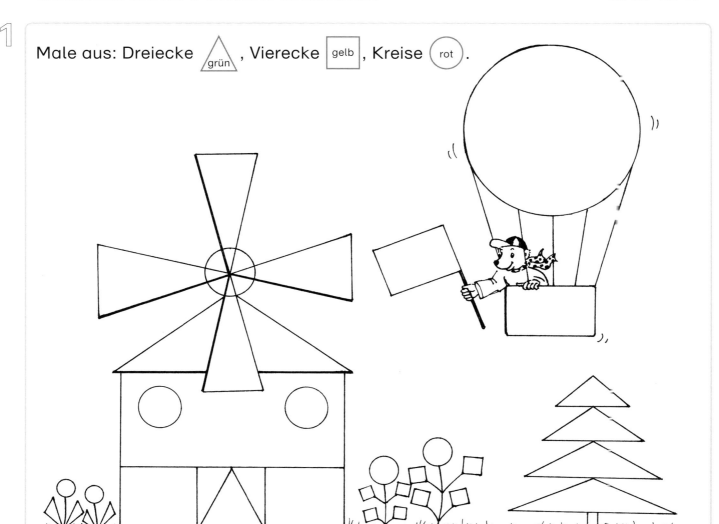

2 Wie viele Dreiecke zählst du?

Wie viele Vierecke zählst du?

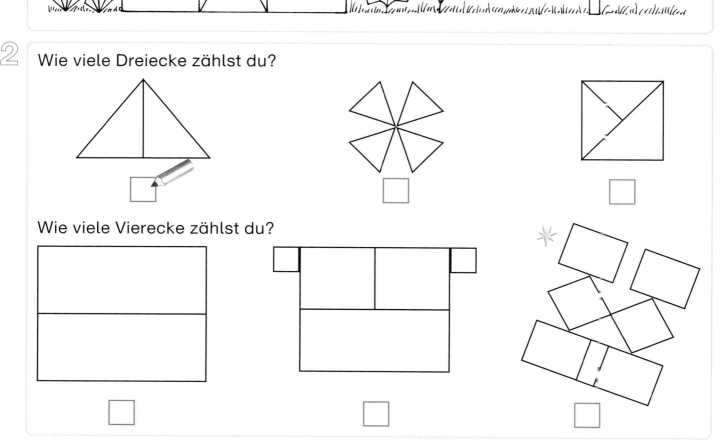

Geometrische Formen zeichnen

zu S. 40/41

1) Zeichne immer von jeder Figur 4 Stück. Nimm ein Lineal.

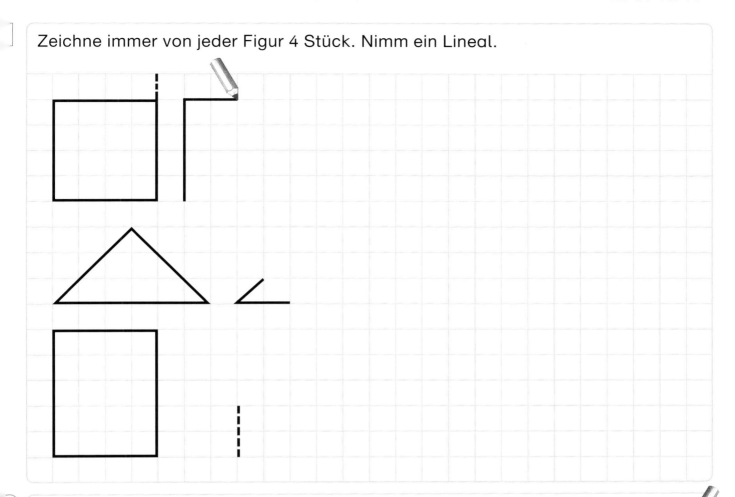

2) Zeichne ohne Lineal: 3 Vierecke, 2 Kreise, 4 Dreiecke.

Tauschaufgaben rechnen

zu S. 42

1

3 + 2 = ☐   2 + 3 = ☐

5 + ☐ = ☐   ☐ + ☐ = ☐

☐ + ☐ = ☐   ☐ + ☐ = ☐

2

7 + 1 = ☐   4 + 2 = ☐   6 + 3 = ☐   2 + 0 = ☐
1 + 7 = ☐   2 + ☐ = ☐   3 + ☐ = ☐   0 + ☐ = ☐

7 + 2 = ☐   5 + 4 = ☐   8 + 2 = ☐   6 + 2 = ☐
☐ + ☐ = ☐   ☐ + ☐ = ☐   ☐ + ☐ = ☐   ☐ + ☐ = ☐

3

☐ + ☐ = ☐   + 2

2 3 4 5 6 7

☐ + ☐ = ☐ + 5

2 3 4 5 6 7

4

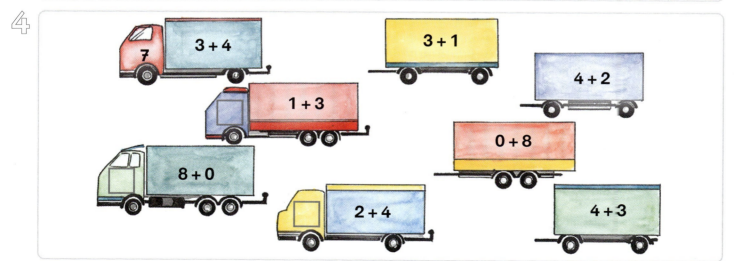

3 + 4   3 + 1   4 + 2
1 + 3   0 + 8
8 + 0   2 + 4   4 + 3

Umkehraufgaben rechnen

zu S. 43

1

4 + 2 = ☐

6 − 2 = ☐

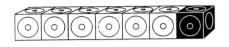
6 + ☐ = ☐

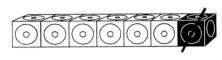
☐ − ☐ = ☐

☐ + ☐ = ☐

○○○●●●●● ⊘⊘⊘⊘⊘
☐ − ☐ = ☐

2

☐ + ☐ = ☐
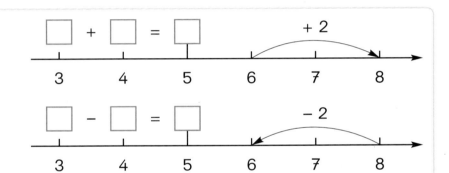
☐ − ☐ = ☐

3

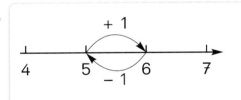

5 + 1 = ☐
6 − 1 = ☐

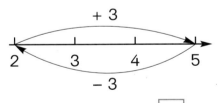

2 + 3 = ☐
5 − 3 = ☐

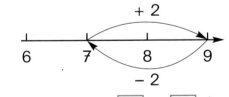

7 + ☐ = ☐
☐ − ☐ = ☐

4

5 + 3 = ☐
☐ − 3 = ☐

4 + 3 = ☐
☐ − 3 = ☐

6 + 3 = ☐
☐ − 3 = ☐

3 + 1 = ☐
☐ − ☐ = ☐

5 − 2 = ☐
☐ + ☐ = ☐

6 − 0 = ☐
☐ + ☐ = ☐

9 − 5 = ☐
☐ + ☐ = ☐

7 − 5 = ☐
☐ + ☐ = ☐

Zahlen und Zeichen ergänzen

zu S. 44/45

1

4 + 1 = ☐ ← T → 1 + 4 = ☐
↑ ↑
U 1 4 5 U
↓ ↓
5 − 1 = ☐   5 − 4 = ☐

6 + 2 = ☐ ← T → 2 + ☐ = ☐
↑ ↑
U 2 6 8 U
↓ ↓
☐ − 2 = ☐   ☐ − ☐ = ☐

1 + 5 = ☐ ← T → 5 + ☐ = ☐
↑ ↑
U 1 5 6 U
↓ ↓
☐ − 1 = ☐   ☐ − ☐ = ☐

2 + 7 = ☐ ← T → ☐ + ☐ = ☐
↑ ↑
U 2 7 9 U
↓ ↓
☐ − ☐ = ☐   ☐ − ☐ = ☐

2* Rechne immer 4 Aufgaben.

☐ + ☐ = ☐ ← T → ☐ + ☐ = ☐
↑ ↑
U 2 5 ☐ U
↓ ↓
☐ − ☐ = ☐   ☐ − ☐ = ☐

☐ + ☐ = ☐ ← T → ☐ + ☐ = ☐
↑ ↑
U 3 ☐ ☐ U
↓ ↓
☐ − ☐ = ☐   ☐ − ☐ = ☐

3

4 ◯ 1 = 5   8 ◯ 1 = 9   2 ◯ 1 = 3
6 ◯ 1 = 5   5 ◯ 3 = 2   9 ◯ 5 = 4
7 ◯ 3 = 4   5 ◯ 4 = 9   7 ◯ 2 = 9
2 ◯ 3 = 5   3 ◯ 7 = 10   6 ◯ 6 = 0

4*

1 ◯ 1 ◯ 1 = 3   4 ◯ 4 ◯ 1 = 9   9 ◯ 1 ◯ 1 = 7
2 ◯ 2 ◯ 1 = 3   5 ◯ 1 ◯ 1 = 3   7 ◯ 0 ◯ 1 = 8
5 ◯ 1 ◯ 3 = 3   6 ◯ 2 ◯ 1 = 7   4 ◯ 5 ◯ 2 = 7

5*

☐ + 4 = 6   ☐ + 1 = 3   ☐ + 6 = 9   ☐ + 0 = 1
☐ + 5 = 9   ☐ + 3 = 6   ☐ + 5 = 6   ☐ + 3 = 10
☐ + 2 = 7   ☐ + 2 = 8   ☐ + 4 = 7   ☐ + 6 = 7

Rechnen bis 10 mit Plus und Minus

zu S. 46/47

1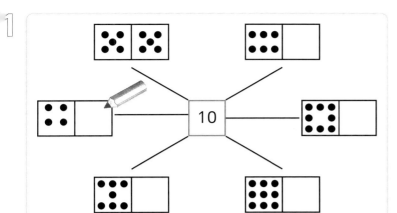

2
10 = 10 + 0	10 = 5 + ☐
10 = 9 + ☐	10 = ☐ + 6
10 = 8 + ☐	10 = ☐ + 7
10 = ☐ + 3	10 = 2 + ☐
10 = ☐ + 4	10 = 9 + ☐
10 = ☐ + 5	10 = 10 + ☐

3
7 = 2 + ☐	6 = 4 + ☐	3 = 4 − ☐	4 = 6 − ☐
9 = 7 + ☐	7 = 3 + ☐	3 = 5 − ☐	5 = 7 − ☐
9 = 6 + ☐	7 = 5 + ☐	2 = 4 − ☐	5 = 9 − ☐
8 = 0 + ☐	8 = 2 + ☐	2 = 6 − ☐	4 = 7 − ☐

4

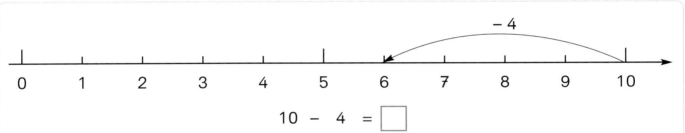

10 − 4 = ☐

10 − 1 = ☐	10 − 6 = ☐	10 − ☐ = 5	10 − ☐ = 1
10 − 2 = ☐	10 − 9 = ☐	10 − ☐ = 6	10 − ☐ = 4
10 − 3 = ☐	10 − 0 = ☐	10 − ☐ = 7	10 − ☐ = 9
10 − 4 = ☐	10 − 8 = ☐	10 − ☐ = 8	10 − ☐ = 10

5

Unter dem 🌳 sind 5 🍄 🍄.

Daneben sind noch 4 🍄 🍄.

Wie viele 🍄 🍄 sind das?

Lisa hat 8 🍬 🍬.

Sie schenkt Lea 4 🍬 🍬.

Wie viele 🍬 🍬 hat Lisa noch?

6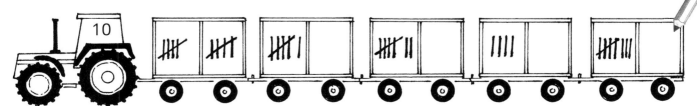

Rechnen bis 10 mit Plus und Minus

zu S. 46/47

1

1 + 3 = ☐	2 + 0 = ☐	3 + 1 = ☐	1 + 9 = ☐
1 + 5 = ☐	2 + 2 = ☐	3 + 3 = ☐	2 + 6 = ☐
1 + 7 = ☐	2 + 4 = ☐	3 + 5 = ☐	3 + 7 = ☐

2

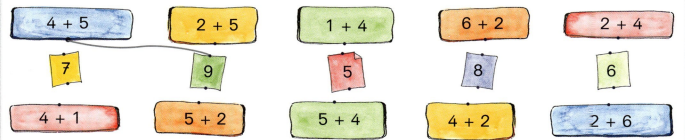

3

9 − 2 = ☐	7 − 1 = ☐	10 − 2 = ☐	★ 6 − 2 = ☐
8 − 2 = ☐	7 − 3 = ☐	10 − 4 = ☐	7 − 7 = ☐
7 − 2 = ☐	7 − 5 = ☐	10 − 6 = ☐	10 − 8 = ☐

4

| 5 − 4 = ☐ | 7 − 2 = ☐ | 6 − 4 = ☐ | 8 − 5 = ☐ |
| ☐ + 4 = 5 | ☐ + 2 = ☐ | ☐ + 4 = ☐ | ☐ + ☐ = ☐ |

5

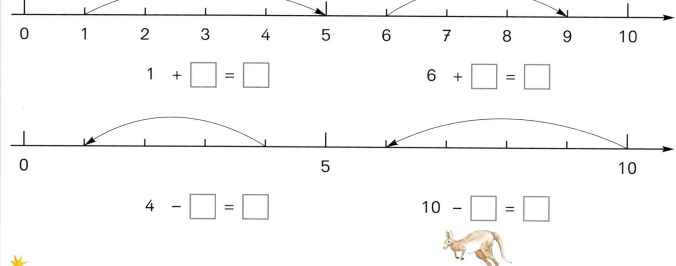

Bündeln mit 10

zu S. 48

1

2

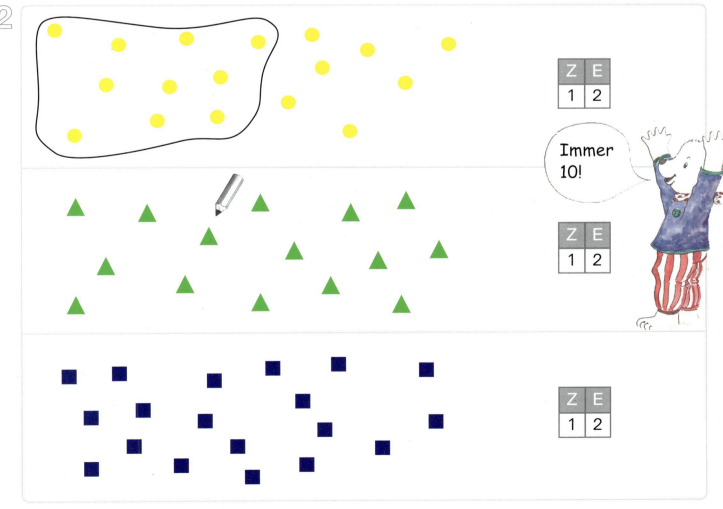

Immer 10!

Alle Zahlen bis 20

zu S. 49–51

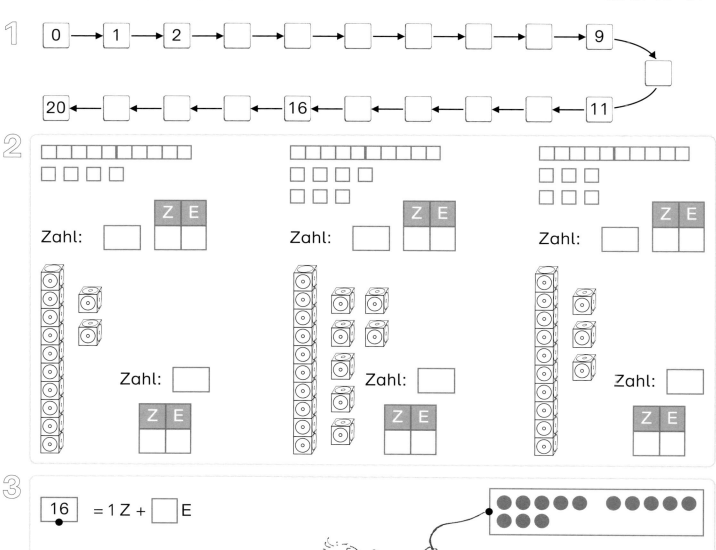

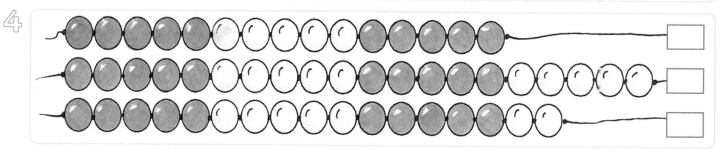

Alle Zahlen bis 20

zu S. 52/53

Zahlen sortieren

zu S. 54/55

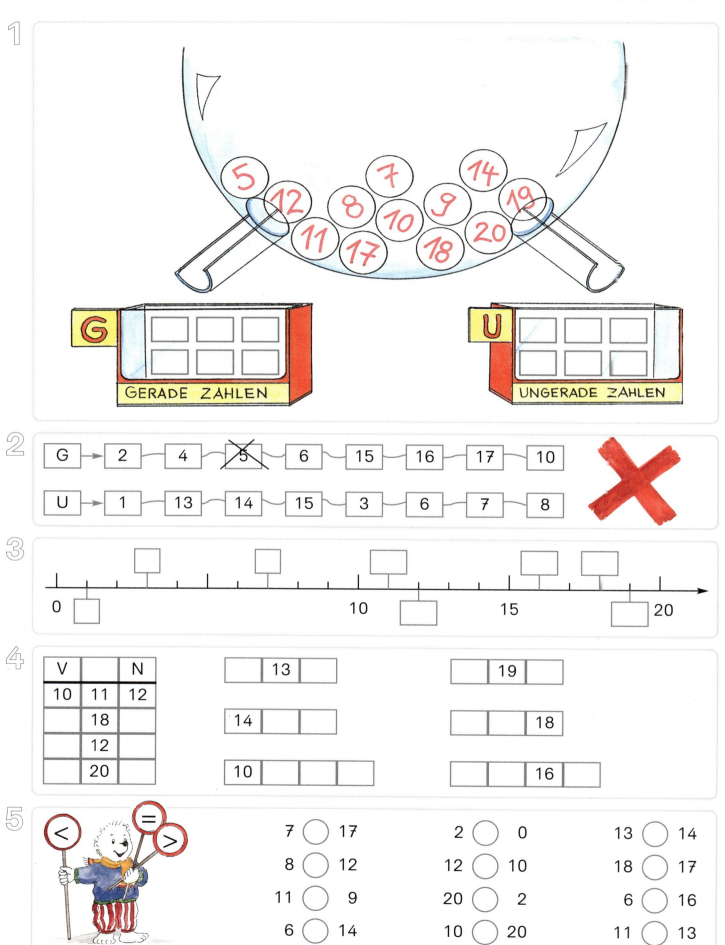

Verdoppeln und halbieren

zu S. 56/57

1
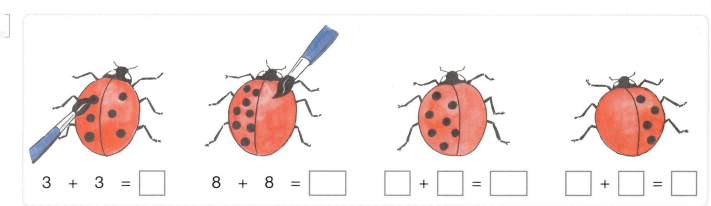

3 + 3 = ☐   8 + 8 = ☐   ☐ + ☐ = ☐   ☐ + ☐ = ☐

2
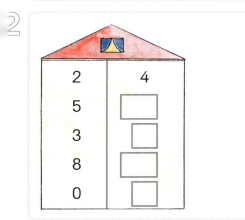 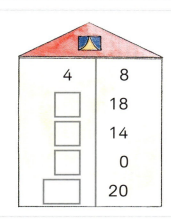 

3

8 = 4 + ☐   12 = 6 + ☐   ☐ = ☐ + ☐   ☐ = ☐ + ☐

4

9 + ☐ = ☐   5 + ☐ = ☐

☐ + ☐ = ☐   ☐ + ☐ = ☐

5
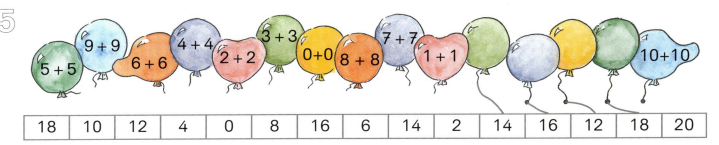

| 18 | 10 | 12 | 4 | 0 | 8 | 16 | 6 | 14 | 2 | 14 | 16 | 12 | 18 | 20 |

Uhrzeiten kennen

zu S. 58/59

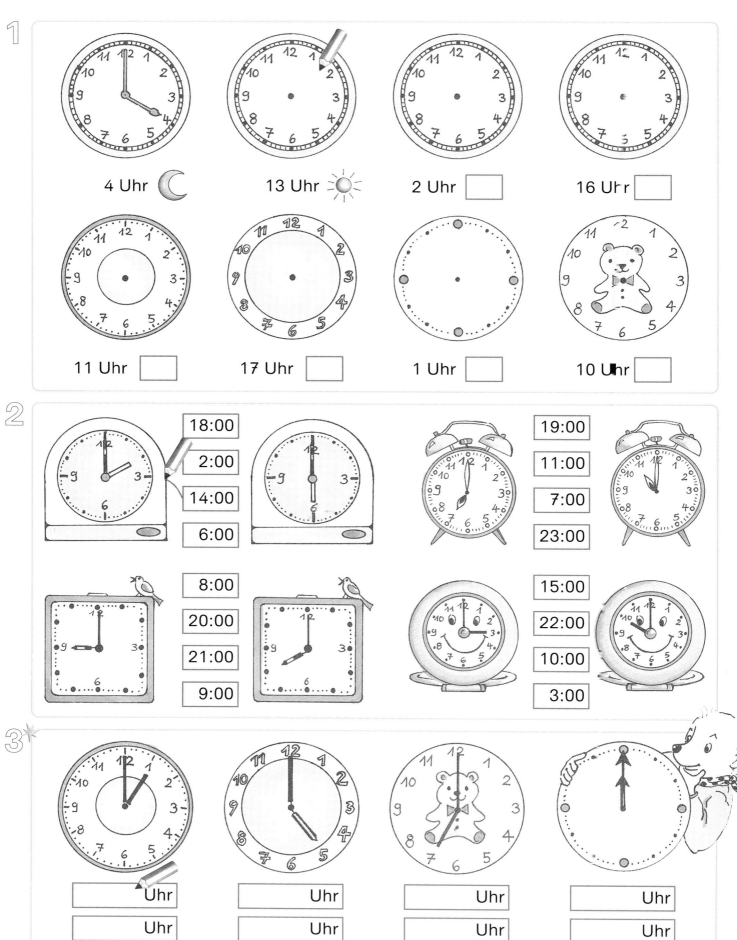

Plusaufgaben im zweiten Zehner

zu S. 62/63

1
10 + 5 = 15
10 + 6 = ☐
10 + 0 = ☐
10 + 2 = ☐
10 + 9 = ☐

2

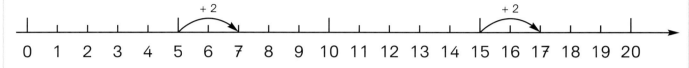

5 + 2 = ☐   6 + 1 = ☐   7 + 2 = ☐   4 + 3 = ☐
15 + 2 = ☐ 16 + 1 = ☐ 17 + 2 = ☐ 14 + 3 = ☐

3 + 5 = ☐   1 + 8 = ☐   1 + 9 = ☐   2 + 4 = ☐
13 + 5 = ☐ 11 + 8 = ☐ 11 + 9 = ☐ 12 + 4 = ☐

3
14 + 5 = ☐   10 + 7 = ☐   11 + ☐ = 12   ☐ + 1 = 11
11 + 6 = ☐   14 + 2 = ☐   15 + ☐ = 18   ☐ + 3 = 14
18 + 2 = ☐   15 + 4 = ☐   13 + ☐ = 15   ☐ + 5 = 20
14 + 4 = ☐   16 + 4 = ☐   17 + ☐ = 20   ☐ + 4 = 18

4

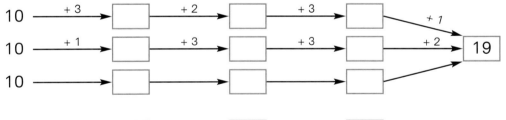

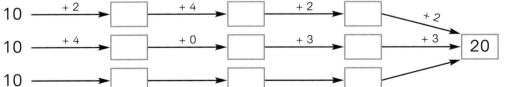

Welche Zahl hat 1 Z und doppelt so viele E?

5*
15 + 2 + 0 = ☐   12 + 2 + ☐ = 16
13 + 1 + 4 = ☐   11 + ☐ + 1 = 15
16 + 2 + 2 = ☐   13 + 3 + ☐ = 18
12 + 4 + 1 = ☐   14 + ☐ + 5 = 20

Minusaufgaben im zweiten Zehner

zu S. 64/65

1

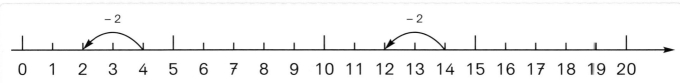

4 − 2 = ☐   5 − 1 = ☐   7 − 3 = ☐   6 − 4 = ☐

14 − 2 = ☐   15 − 1 = ☐   17 − 3 = ☐   16 − 4 = ☐

1 − 1 = ☐   9 − 3 = ☐   2 − 0 = ☐   8 − 5 = ☐

11 − 1 = ☐   19 − 3 = ☐   12 − 0 = ☐   18 − 5 = ☐

2

14 − 1 = ☐   16 − 5 = ☐

17 − 4 = ☐   18 − 3 = ☐

15 − 2 = ☐   19 − 8 = ☐

13 − 3 = ☐   12 − 1 = ☐

3

Dani hatte 17 Tierbilder.

5 Bilder hat sie verloren.
Streiche weg und rechne.

17 − ☐ = ☐

4

 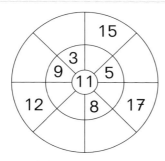 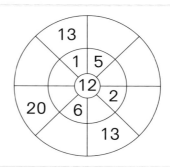 

5

15 →−1→ ☐ →−2→ ☐ →−1→ ☐ →−1→ 10
18 →−2→ ☐ →−1→ ☐ →−2→ ☐ →−3→ 10

17 →−2→ ☐ →−3→ ☐ →−1→ ☐ →−1→ 10
19 →−3→ ☐ →−2→ ☐ →−2→ ☐ →−2→ 10

6*

17 − ☐ = 11   15 − ☐ = 12   14 − ☐ = 11   ☐ − 5 = 11

19 − ☐ = 12   17 − ☐ = 13   16 − ☐ = 13   ☐ − 4 = 12

18 − ☐ = 13   19 − ☐ = 14   17 − ☐ = 14   ☐ − 6 = 13

Plus- und Minusaufgaben

zu S. 60–65

1

13 + 4 = ☐

16 − 2 = ☐

☐ + ☐ = ☐

☐ − ☐ = ☐

☐ + ☐ = ☐

☐ − ☐ = ☐

2

12 + 5 = ☐
17 − 5 = ☐

14 + 4 = ☐
☐ − 4 = ☐

13 + 3 = ☐
☐ − ☐ = ☐

17 + 2 = ☐
☐ − ☐ = ☐

15 + 4 = ☐
☐ − ☐ = ☐

11 + 6 = ☐
☐ − ☐ = ☐

18 + 1 = ☐
☐ − ☐ = ☐

12 + 4 = ☐
☐ − ☐ = ☐

3

+	2	3	4	5	6
12					

+	0	2	4	6	8
11					

+	5	4	3	2	1
13					

+	6	5	4	3	2
14					

4

−	1	2	3	4	5
15					

−	0	2	3	5	7
17					

−	6	5	4	3	2
16					

−	8	6	4	2	0
18					

5

12 + 3 + 2 = ☐   14 + 1 + 0 = ☐   18 − 3 − 4 = ☐

17 + 0 + 1 = ☐   16 − 2 − 0 = ☐   19 − 4 − 2 = ☐

18 − 1 − 1 = ☐   11 + 4 + 4 = ☐   15 − 2 − 1 = ☐

Ergebnisse: 11 12 13 14 15 16 17 18 19

Geld zählen und wechseln

zu S. 66/67

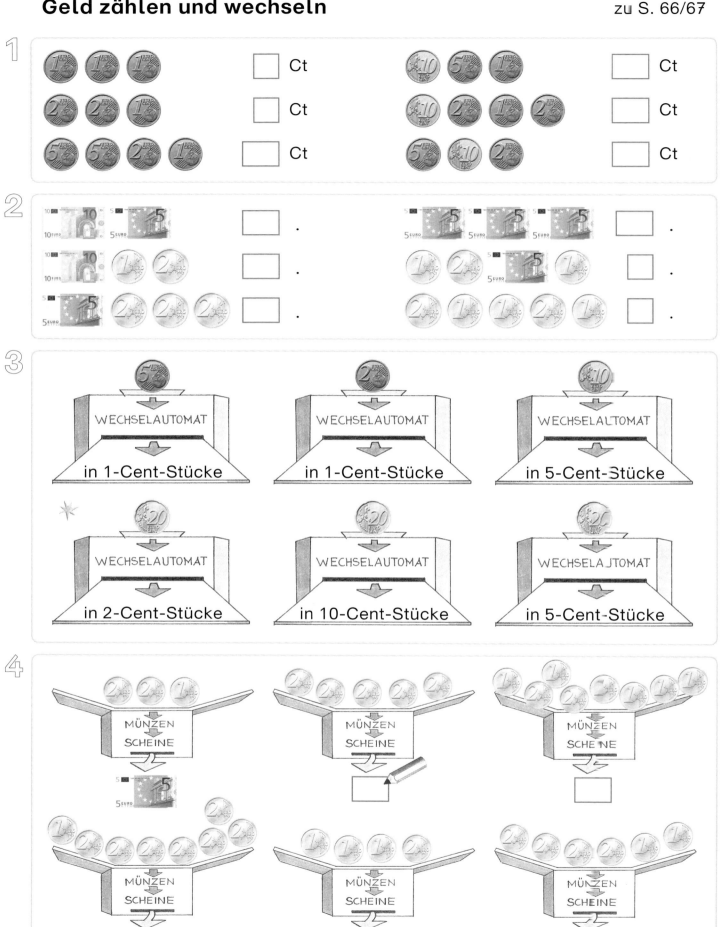

Mit Cent rechnen

zu S. 68

1 Lege 18 Cent. Schreibe verschiedene Möglichkeiten auf.

 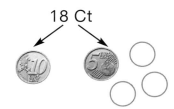 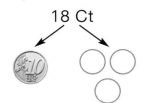

2

11 Ct + 2 Ct = ☐ Ct
10 Ct + 8 Ct = ☐ Ct
14 Ct + 4 Ct = ☐ Ct
16 Ct + 1 Ct = ☐ Ct

13 Ct + 4 Ct = ☐ Ct
12 Ct + 6 Ct = ☐ Ct
15 Ct + 4 Ct = ☐ Ct
17 Ct + 3 Ct = ☐ Ct

12 Ct + 4 Ct = ☐ Ct
14 Ct + 2 Ct = ☐ Ct
18 Ct + 1 Ct = ☐ Ct
11 Ct + 7 Ct = ☐ Ct
13 Ct + 3 Ct = ☐ Ct

3

12 Ct + ☐ Ct = 13 Ct
17 Ct + ☐ Ct = 19 Ct
13 Ct + ☐ Ct = 16 Ct
15 Ct + ☐ Ct = 17 Ct
19 Ct + ☐ Ct = 20 Ct

14 Ct + ☐ Ct = 17 Ct
10 Ct + ☐ Ct = 18 Ct
11 Ct + ☐ Ct = 15 Ct
18 Ct + ☐ Ct = 20 Ct
16 Ct + ☐ Ct = 19 Ct

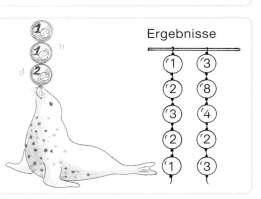

Ergebnisse
① ③
② ⑧
③ ④
② ②
① ③

4

12 Ct − 1 Ct = ☐ Ct
17 Ct − 3 Ct = ☐ Ct
15 Ct − 5 Ct = ☐ Ct
14 Ct − 2 Ct = ☐ Ct

13 Ct − 1 Ct = ☐ Ct
18 Ct − 5 Ct = ☐ Ct
16 Ct − 5 Ct = ☐ Ct
19 Ct − 7 Ct = ☐ Ct

15 Ct − 3 Ct = ☐ Ct
11 Ct − 0 Ct = ☐ Ct
15 Ct − 3 Ct = ☐ Ct
17 Ct − 6 Ct = ☐ Ct
18 Ct − 6 Ct = ☐ Ct

5

14 Ct − ☐ Ct = 13 Ct
12 Ct − ☐ Ct = 10 Ct
19 Ct − ☐ Ct = 11 Ct
15 Ct − ☐ Ct = 15 Ct
16 Ct − ☐ Ct = 12 Ct

13 Ct − ☐ Ct = 11 Ct
17 Ct − ☐ Ct = 11 Ct
13 Ct − ☐ Ct = 12 Ct
18 Ct − ☐ Ct = 12 Ct
20 Ct − ☐ Ct = 13 Ct

Ergebnisse
① ②
② ⑥
⑧ ①
⓪ ⑥
④ ⑦

Mit Euro rechnen

zu S. 69

1

Immer 20 Euro.

2

10 € + 7 € = ☐ €
11 € + 3 € = ☐ €
17 € + 3 € = ☐ €
14 € + 2 € = ☐ €

12 € + 4 € = ☐ €
16 € + 2 € = ☐ €
20 € + 0 € = ☐ €
13 € + 6 € = ☐ €

15 € + 4 € = ☐ €
15 € + 1 € = ☐ €
13 € + 3 € = ☐ €
10 € + 9 € = ☐ €
17 € + 2 € = ☐ €

3

12 € − 2 € = ☐ €
17 € − 5 € = ☐ €
15 € − 4 € = ☐ €
14 € − 1 € = ☐ €

18 € − 4 € = ☐ €
16 € − 1 € = ☐ €
19 € − 8 € = ☐ €
20 € − 4 € = ☐ €

18 € − 3 € = ☐ €
14 € + 2 € ◯ 13 €
14 € − 1 € ◯ 16 €
13 € + 6 € ◯ 20 €
20 € − 4 € ◯ 16 €

4

Euro: 19 € − 7 € = ☐ €   12 € + ☐ € = 18 €   ☐ € − 4 € = 15 €

Cent: 17 Ct − 6 Ct = ☐ Ct   11 Ct + ☐ Ct = 15 Ct   18 Ct − ☐ Ct = 12 Ct

Muster erfinden und gestalten

zu S. 70/71

1. Setze die Muster fort. Male gleiche Flächen in gleicher Farbe aus.

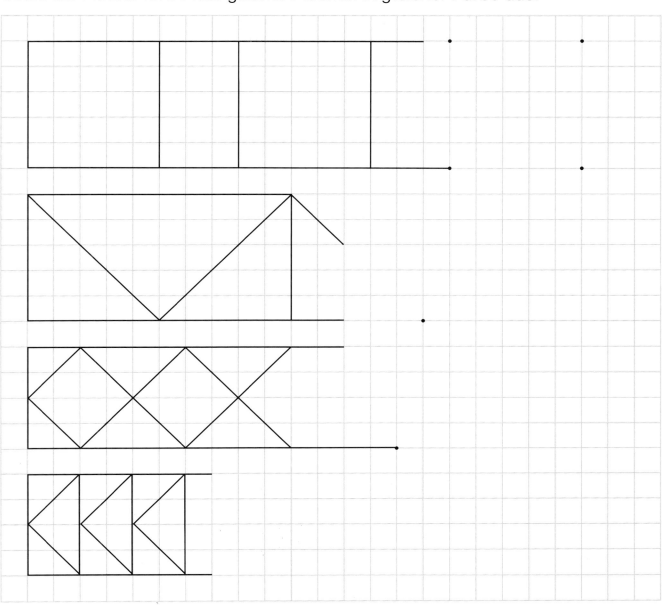

2. Erfinde eigene Muster auf dem Geobrett.

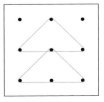 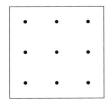 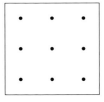 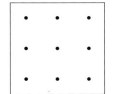 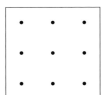

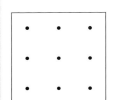 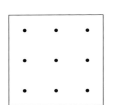 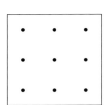 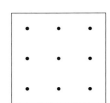 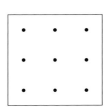

Tauschaufgaben und Umkehraufgaben

ZJ S. 72/73

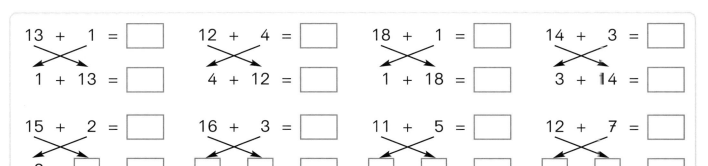

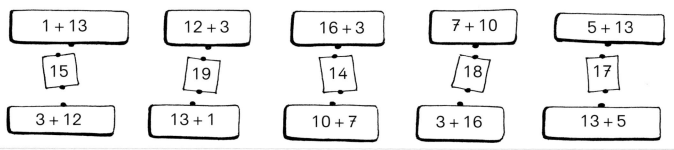

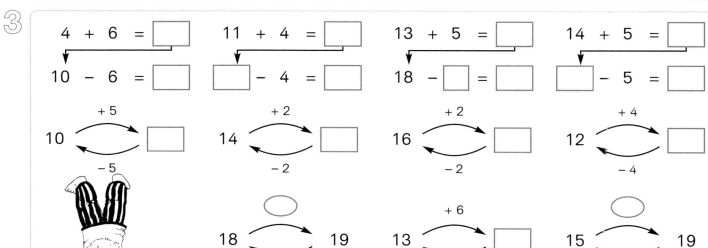

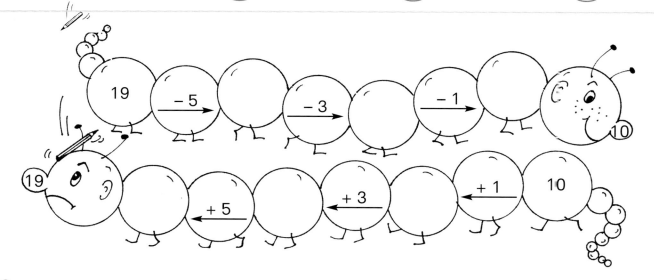

Ergänzen und vergleichen

zu S. 74–77

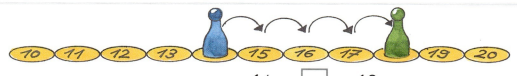

14 + ☐ = 18

12 + ☐ = 16	11 + ☐ = 17	13 + ☐ = 19	14 + ☐ = 18
13 + ☐ = 16	12 + ☐ = 17	14 + ☐ = 19	15 + ☐ = 18
14 + ☐ = 16	13 + ☐ = 17	15 + ☐ = 19	16 + ☐ = 18

18 + ☐ = 19	16 + ☐ = 18	11 + ☐ = 17	12 + ☐ = 16

15 + ☐ = 18	17 + ☐ = 17	11 + ☐ = 20	10 + ☐ = 15

11 ○ 5 = 16	10 ○ 8 = 18		11 ○ 1 ○ 1 = 13
14 ○ 2 = 12	14 ○ 3 = 11		14 ○ 2 ○ 1 = 17
18 ○ 8 = 10	9 ○ 1 = 10		15 ○ 3 ○ 1 = 11
17 ○ 3 = 20	16 ○ 3 = 13		12 ○ 4 ○ 1 = 15

13 + 1 < ☐   ☐ ○ ☐   11 + ☐

16 + 2 ○ 13	20 + 0 ○ 19	14 ○ 11 + 9	18 ○ 12 + 5
15 + 4 ○ 19	12 + 3 ○ 10	17 ○ 10 + 6	14 ○ 13 + 1
14 + 4 ○ 15	17 + 3 ○ 20	11 ○ 12 + 1	15 ○ 15 + 3

14 − 3 ○ ☐   ☐ ○ ☐   18 − ☐

15 − 4 ○ 11	17 − 1 ○ 15	17 ○ 12 − 2	14 ○ 13 − 1
14 − 2 ○ 16	16 − 0 ○ 16	12 ○ 18 − 3	16 ○ 17 − 2
19 − 1 ○ 20	13 − 2 ○ 19	13 ○ 19 − 6	13 ○ 18 − 5

Zahlen bis 20 zerlegen

zu S. 78/79

1

20 = 15 + ☐
20 = 19 + ☐
20 = 17 + ☐
20 = 12 + ☐
20 = 16 + ☐
☐ = ☐ + ☐

2

20 = 11 + 4 + ☐
20 = 10 + 7 + ☐
20 = ☐ + 5 + 5
20 = 12 + ☐ + 2
20 = ☐ + ☐ + ☐

3

19 = 11 + ☐   17 = ☐ + ☐   ☐ = ☐ + ☐   ☐ = ☐ + ☐

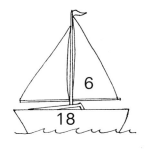  

☐ = ☐ + ☐   ☐ = ☐ + ☐   ☐ = ☐ + ☐

4

19 = 10 + ☐   15 = ☐ + 5   18 = ☐ + ☐   15 = ☐ + ☐
18 = 10 + ☐   17 = ☐ + 7   12 = ☐ + ☐   14 = ☐ + ☐
17 = 11 + ☐   13 = ☐ + 2   16 = ☐ + ☐   19 = ☐ + ☐

Plusaufgaben mit Überschreiten

zu S. 80–83

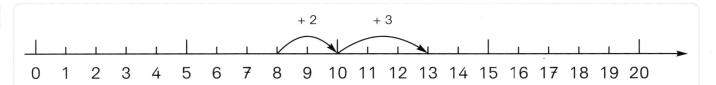

	8 + 5		9 + 4		7 + 6
1. Schritt	8 + 2 = ☐	1.	9 + 1 = ☐	1.	7 + ☐ = 10
2. Schritt	10 + 3 = ☐	2.	☐ + 3 = ☐	2.	☐ + ☐ = ☐
	8 + 5 = ☐		9 + 4 = ☐		7 + 6 = ☐

	6 + 5		8 + 7		9 + 6
1. Schritt	☐ + ☐ = ☐	1.	☐ + ☐ = ☐	1.	☐ + ☐ = ☐
2. Schritt	☐ + ☐ = ☐	2.	☐ + ☐ = ☐	2.	☐ + ☐ = ☐
	6 + 5 = ☐		8 + 7 = ☐		9 + 6 = ☐

	7 + 4		5 + 7		6 + 8
1. Schritt	☐ + ☐ = ☐	1.	☐ + ☐ = ☐	1.	☐ + ☐ = ☐
2. Schritt	☐ + ☐ = ☐	2.	☐ + ☐ = ☐	2.	☐ + ☐ = ☐
	7 + 4 = ☐		5 + 7 = ☐		6 + 8 = ☐

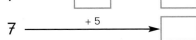
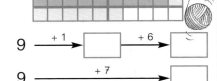

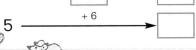
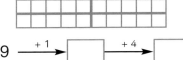

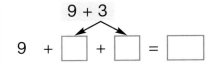
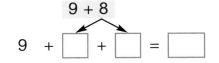
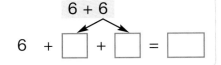

Plusaufgaben mit Überschreiten

zu S. 80–83

1

7 + 7 + 1 = ☐	5 + 5 + 2 = ☐	6 + 6 + 2 = ☐	⭐ 8 + 8 + 1 = ☐
7 + 8 = ☐	5 + 7 = ☐	6 + 8 = ☐	8 + 9 = ☐
5 + 5 + 1 = ☐	6 + 6 + 1 = ☐	4 + 4 + 3 = ☐	7 + 7 + 2 = ☐
5 + 6 = ☐	6 + 7 = ☐	4 + 7 = ☐	7 + 9 = ☐

2

4 + 4 = ☐	6 + 6 = ☐	7 + 7 = ☐
4 + 5 = ☐	6 + 7 = ☐	7 + 8 = ☐
4 + 6 = ☐	6 + 8 = ☐	7 + 9 = ☐
5 + 5 = ☐	8 + 8 = ☐	9 + 9 = ☐
5 + 4 = ☐	8 + 7 = ☐	9 + 8 = ☐
5 + 3 = ☐	8 + 6 = ☐	9 + 7 = ☐

3

| 9 + 2 = ☐ | 8 + 4 = ☐ | 6 + 5 = ☐ | 7 + 4 = ☐ |
| 2 + 9 = ☐ | 4 + 8 = ☐ | 5 + ☐ = ☐ | ☐ + ☐ = ☐ |

4

Blumen: 4+9, 3+8, 8+3, 7+8, 9+4, 9+8, 8+7, 7+9, 8+9, 9+7
Bienen: 11, 13, 15, 16, 17

5 Rechne vorteilhaft.

3 + 5 + 7 = 10 + 5 = ☐	4 + 2 + 8 = ☐ – ☐ = ☐
4 + 6 + 6 = ☐ + ☐ = ☐	7 + 5 + 5 = ☐ – ☐ = ☐
8 + 6 + 2 = ☐ + ☐ = ☐	6 + 9 + 4 = ☐ + ☐ = ☐
7 + 6 + 3 = ☐ + ☐ = ☐	5 + 9 + 5 = ☐ + ☐ = ☐
8 + 5 + 5 = ☐ + ☐ = ☐	8 + 7 + 3 = ☐ + ☐ = ☐

Minusaufgaben mit Überschreiten

zu S. 84–87

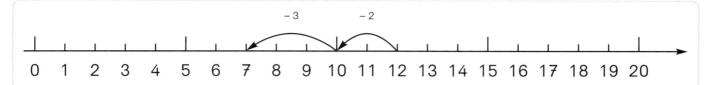

12 − 5
1. Schritt 12 − 2 = ☐
2. Schritt 10 − 3 = ☐
            12 − 5 = ☐

11 − 3
1. 11 − 1 = ☐
2. ☐ − 2 = ☐
    11 − 3 = ☐

13 − 6
1. 13 − 3 = 10
2. ☐ − 3 = ☐
    13 − 6 = ☐

14 − 6
1. Schritt ☐ − ☐ = ☐
2. Schritt ☐ − ☐ = ☐
            14 − 6 = ☐

12 − 7
1. ☐ − ☐ = ☐
2. ☐ − ☐ = ☐
    12 − 7 = ☐

15 − 8
1. ☐ − ☐ = ☐
2. ☐ − ☐ = ☐
    15 − 8 = ☐

11 − 5
1. Schritt ☐ − ☐ = ☐
2. Schritt ☐ − ☐ = ☐
            11 − 5 = ☐

13 − 7
1. ☐ − ☐ = ☐
2. ☐ − ☐ = ☐
    13 − 7 = ☐

16 − 9
1. ☐ − ☐ = ☐
2. ☐ − ☐ = ☐
    16 − 9 = ☐

14 —−4→ ☐ —−5→ ☐
14 ——−9——→ ☐

11 —−1→ ☐ —−3→ ☐
11 ——−4——→ ☐

12 —−2→ ☐ —−4→ ☐
12 ——−6——→ ☐

16 —−6→ ☐ —−1→ ☐
16 ——−7——→ ☐

17 —−7→ ☐ —−2→ ☐
17 ——−9——→ ☐

15 —−5→ ☐ —−2→ ☐
15 ——−7——→ ☐

15 − 6
15 − ☐ − ☐ = ☐

17 − 8
17 − ☐ − ☐ = ☐

14 − 8
14 − ☐ − ☐ = ☐

12 − 8
12 − ☐ − ☐ = ☐

15 − 9
15 − ☐ − ☐ = ☐

11 − 2
11 − ☐ − ☐ = ☐

Minusaufgaben mit Überschreiten

zu S. 84–87

1

12 − 6 = ☐
12 − 6 − 1 = ☐
12 − 7 = ☐
14 − 7 = ☐
14 − 7 − 1 = ☐
14 − 8 = ☐

12 − 2 − 7 = ☐
12 − 9 = ☐
14 − 4 − 1 = ☐
14 − 5 = ☐
13 − 3 − 6 = ☐
13 − 9 = ☐

16 − 6 − 2 = ☐
16 − 8 = ☐
13 − 3 − 5 = ☐
13 − 8 = ☐
11 − 1 − 7 = ☐
11 − 8 = ☐

2

13 − 3 = ☐
13 − 4 = ☐
13 − 5 = ☐
13 − 6 = ☐
13 − 7 = ☐

15 − 5 = ☐
15 − 6 = ☐
15 − 7 = ☐
15 − 8 = ☐
15 − 9 = ☐

11 − 1 = ☐
11 − 3 = ☐
11 − 5 = ☐
11 − 7 = ☐
11 − 9 = ☐

14 − 4 = ☐
14 − 5 = ☐
14 − 6 = ☐
14 − 7 = ☐
14 − 8 = ☐

3

◆ 16 − 9   ◆ 13 − 9   ◆   ◆

16 − 10 = ☐
6 + 1 = 7
16 − 9 = ☐

13 − 10 = ☐
☐ + 1 = ☐
13 − 9 = ☐

14 − 10 = ☐
☐ + 1 = ☐
14 − 9 = ☐

11 − 10 = ☐
☐ + 1 = ☐
11 − 9 = ☐

4*

15 − ☐
13 − ☐
10 − ☐   7   12 − ☐
11 − ☐
14 − ☐

5 Tom hat 12 Filzstifte.
4 Stifte sind leer.
Lege mit Stäbchen nach
und schreibe eine Minusaufgabe.

12 − _____

6

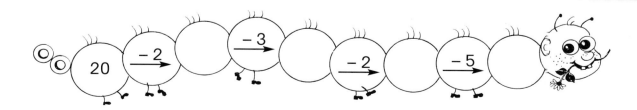

20 →−2→ ○ →−3→ ○ ○ →−2→ ○ →−5→ ○

Muster zeichnen

zu S. 88/89

Male die 3 Muster mit verschiedenen Farben aus. Finde die Muster unten im Bild.

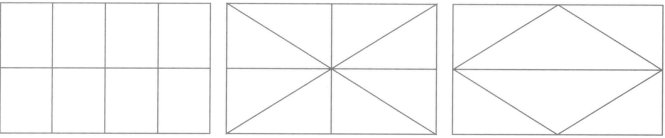

Beschreibe das Bild: Wo ist die Katze, die Leiter? Stelle weitere Fragen.
Im Bild sind viele Formen versteckt. Male Dreiecke mit gelben,
Rechtecke mit blauen und Quadrate mit roten Farbtönen aus.

Aufgaben mit Pfeilen und Tabellen

zu S. 90–95

1

3 →+4→ ☐   9 →−4→ ☐

7 →+2→ ☐   8 →−5→ ☐

6 →+1→ ☐   5 →−5→ ☐

2 →+5→ ☐   7 →−3→ ☐

E →+5→ A	
11	
14	
12	
9	

E →−4→ A	
15	
19	
11	
13	

E →−6→ A	
17	
	4
	13
	8

2

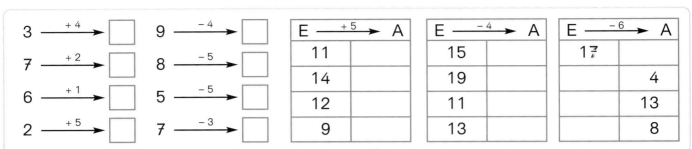

3

+	8	9	10	11
2				
4				

+	7	8	9	10
3				
5				

+	6	8	10	12
4				
7				

4

−	0	1	2	3
11				
12				

−	3	4	5	6
17				
14				

−	4	7	2	9
13				
15				

5 Finde Aufgaben und rechne.

	große Tüte	kleine Tüte
🎈	12 Stück	6 Stück

	Zootiere	Haustiere	Bauernhoftiere
🐘	8 Stück	6 Stück	12 Stück

_____

_____

Mit Zeit und Geld rechnen

zu S. 96/97

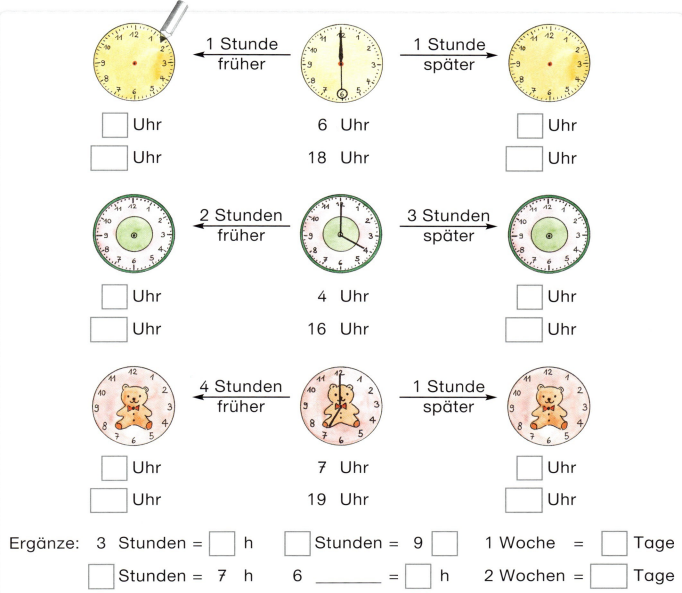

Ergänze: 3 Stunden = ☐ h   ☐ Stunden = 9 ☐   1 Woche = ☐ Tage

☐ Stunden = 7 h   6 _____ = ☐ h   2 Wochen = ☐ Tage

"Immer 8 Cent."

5¢	2¢	1¢	Anzahl
5¢	_____		4 Münzen
			3 Münzen
	2¢		4 Münzen
			5 Münzen
			6 Münzen

Mit Geld rechnen

zu S. 98/99

☐ . + ☐ . = ☐ .   ☐ . + ☐ . = ☐ .   ☐ . + ☐ . = ☐ .

☐ Ct + ☐ Ct = ☐ Ct   ☐ Ct + ☐ Ct = ☐ Ct   ☐ Ct + ☐ Ct = ☐ Ct

☐ Ct + ☐ Ct = ☐ Ct   ☐ Ct + ☐ Ct = ☐ Ct   ☐ Ct + ☐ Ct = ☐ Ct

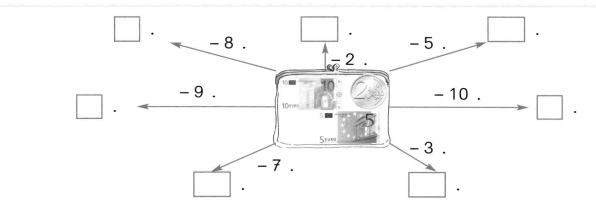

20 . − 5 . = ☐ .   14 . − ☐ . = ☐ .   ☐ . − ☐ . = ☐ .

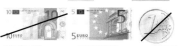

☐ . − ☐ . = ☐ .   ☐ . − ☐ . = ☐ .   ☐ . − ☐ . = ☐ .

16 . + 2 . = ☐ .   14 . − 8 . = ☐ .   18 . − 8 . = ☐ .
10 . + 7 . = ☐ .   12 . − 5 . = ☐ .   9 . + 6 . = ☐ .
9 . + 4 . = ☐ .   11 . − 3 . = ☐ .   11 . − 4 . = ☐ .

Rechnen bis 20

zu S. 100/101

Ein Bild – vier verwandte Aufgaben

5 + 6 = ☐
6 + 5 = ☐
11 − 6 = ☐
11 − 5 = ☐

7 + 8 = ☐
8 + ☐ = ☐
15 − 8 = ☐
15 − ☐ = ☐

8 + ☐ = ☐
☐ + ☐ = ☐
14 − ☐ = ☐
☐ − ☐ = ☐

☐ + ☐ = ☐
☐ + ☐ = ☐
☐ − ☐ = ☐
☐ − ☐ = ☐

☐ + ☐ = ☐
☐ + ☐ = ☐
☐ − ☐ = ☐
☐ − ☐ = ☐

☐ + ☐ = ☐
☐ + ☐ = ☐
☐ − ☐ = ☐
☐ − ☐ = ☐

☐ + ☐ = ☐
☐ + ☐ = ☐
☐ − ☐ = ☐
☐ − ☐ = ☐

☐ + ☐ = ☐
☐ + ☐ = ☐
☐ − ☐ = ☐
☐ − ☐ = ☐

☐ + ☐ = ☐
☐ + ☐ = ☐
☐ − ☐ = ☐
☐ − ☐ = ☐

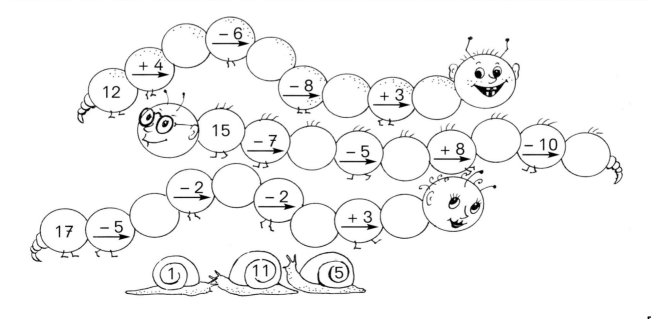

Rechengeschichten beim Einkaufen

zu S. 102/103

2 Mit 20 Euro bezahle ich eine Hose. Wie viele Euro bleiben mir?

Was könnte das gewesen sein? Schreibe Aufgaben.

Rechnen und vergleichen bis 20

zu S. 104–107

Lilian hat 9 Perlen.
Sie gewinnt 4 Perlen dazu.
Zeichne alle Perlen auf.

Schreibe eine Aufgabe.

_____

Auf dem Sportplatz sind 12 Kinder.
7 gehen schon zur Umkleide.
Zeichne alle Kinder auf.

Schreibe eine Aufgabe

_____

7 + ☐ < 12	20 − ☐ > 14	13 > 8 + ☐	15 < 20 − ☐
7 + ☐ < 12	20 − ☐ > 14	13 > 8 + ☐	15 < 20 − ☐
7 + ☐ < 12	20 − ☐ > 14	13 > 8 + ☐	15 < 20 − ☐
7 + ☐ < 12	20 − ☐ > 14	13 > 8 + ☐	15 < 20 − ☐

Rechne und male aus.

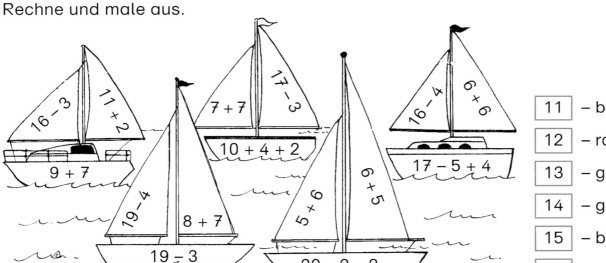

11	– braun
12	– rot
13	– gelb
14	– grün
15	– blau
16	– schwarz

6 + 4 ◯ 10	18 − 3 ◯ 14	12 ◯ 10 + 3
11 + 7 ◯ 19	17 − 3 ◯ 14	19 ◯ 16 + 2
20 − 5 ◯ 14	19 + 1 ◯ 18	18 ◯ 9 + 9
19 − 3 ◯ 10	19 − 1 ◯ 20	20 ◯ 10 + 4

13 + 2 ◯ 2 + 13	14 − 4 ◯ 14 − 5	20 − 3 − 3 ◯ 10 + 3 + 3
17 − 4 ◯ 10 + 4	17 − 2 ◯ 17 − 4	11 + 2 + 3 ◯ 19 − 1 + 1
20 − 5 ◯ 15 + 1	18 + 1 ◯ 18 − 1	12 + 2 + 4 ◯ 18 − 2 + 0

Die richtigen Zahlen auswählen

zu S. 108/109

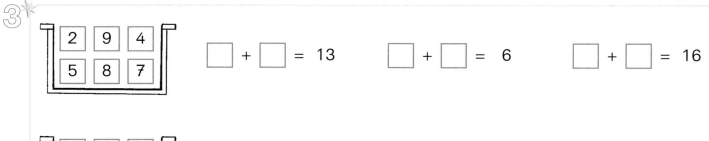

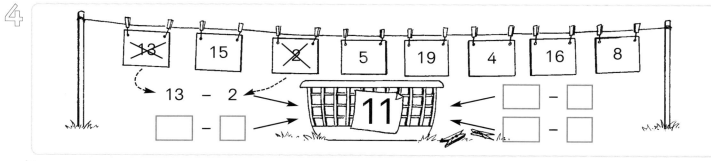

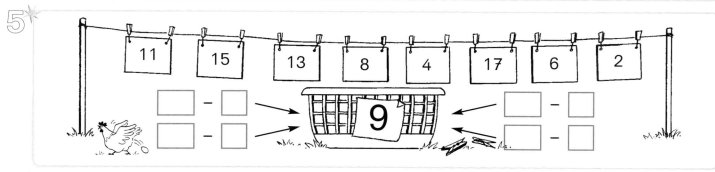

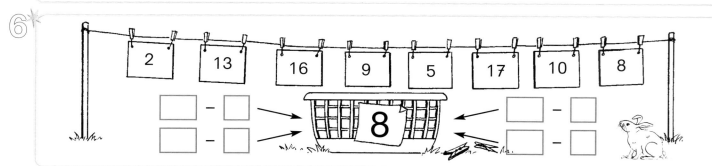

Linien und Flächen

zu S. 112/113

Wer spricht mit wem?

Male aus △ – rot ▭ – gelb ○ – grün ▭ – blau

Zeichne verschiedene Dreiecke, Quadrate und Rechtecke.

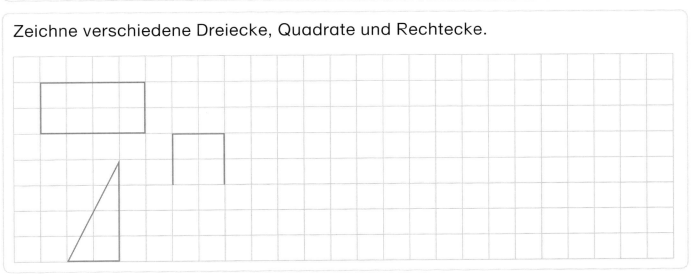

Rätseln mit Zahlen

zu S. 118/119